L'ITALIE POETIQUE

Sylvie PELLET

L'ITALIE POETIQUE

Prose et vers

BoD Éditions

à ma mère,
nuage d'amour.

PREFACE

Quand j'ai demandé à Sylvie de rejoindre les "Voyages poétiques", elle s'est d'abord demandé si j'étais sérieux. Il est vrai que plusieurs poèmes avaient jalonné sa vie tumultueuse mais elle n'imaginait pas qu'elle pourrait écrire un ensemble complet de textes pour un éditeur en quête de poètes voyageurs !
Pourtant aujourd'hui, le défi s'est transformé en victoire. Sylvie, emportée par les « longs cheveux lacustres » de Venise , nous dévoile, avec sa passion pour la Cité des Doges, que « les palais mouillent le bas de leur robe, dans le grand canal qui s'embarque vers la mer ».

Au frontières de la France dans cette ville de San Remo où l'histoire a vibré, elle a entendu de son cœur indocile « le son des sabots cavaliers, fantômes des siècles passés »; elle en a humé « les fleurs en panache » qui semblaient parader « sous les serres diaphanes, illuminées et florissantes ».

La plume rutilante de ce poète en émotions, a suivi les contours de la botte, revisitant les beautés d'un pays chaleureux. Férue d'art textile et désormais artiste-peintre, Sylvie nous montre que « le pinceau magique du poète attendri, colore de ses rimes classiques les roches de Capri ».

Mais elle n'a pas oublié son goût prononcé pour son art premier comme en témoigne ces vers écrits pour la Toscane :

« Moi, je t'imagine en fragments d'étoffes.
J'irais chasser pour toi dans la forêt textile
le doux velours vert des prairies,
le puissant brocard mordoré
des plaines endormies,
la dentelle rosée des bosquets givrés ».

Nous sommes emportés par sa plume féconde. Son regard prend parfois une hauteur vertigineuse quand elle se penche aux margelles de lune en regardant du ciel cette terre magique :

> « Dans sa robe en ciel de nuit,
> aux vifs reflets turquins
> ourlée de dentelles lactées,
>
> elle dresse fièrement
> son profil aquilin. »

Sylvie Pellet a croisé aussi dans ses songes les peuples de la mer et sait que « les divinités grecques viennent errer en Campanie » ; évoquant les temples de Paestum, elle a senti que « les monstres de pierre se redressent en écoutant les chants helléniques ».

Sa sensibilité bourgeonne en milliers de fleurs enluminées et ses voyages lui ont offert un fabuleux berceau d'inspiration.

Elle aime la peinture, les étoffes en couleur et parle avec son cœur. Elle danse encore sur des pointes satin et vibre sans archet sous des musiques d'ambre.

Ainsi, quand sa route s'est approchée de Lombardie, elle n'a pas hésité pas à comparer la Scala de Milan à une diva accueillante, « drapée de velours rouge » :

« Dans ses bras généreux de primera dona
se love les amoureux mélomanes,
les enflammés du belcanto. »

Tous ces morceaux de vie nous emportent dans la valse arc-en-ciel de sa ligne de rêves. Sylvie nous offre sans calcul ses mots comme un soleil, pour éclairer nos routes de ses rubans de miel.

Marc Lasserre,
le 21 juin 2011.

Originaire de Toulouse, Marc Lasserre est poète, membre de la Société des poètes français et de la Société des Poètes et Artistes de France. Il a publié trois recueils de poésie dont « l'Australie poétique », premier livre d'une collection qu'il a créée et nommée « Voyages poétiques ».

INTRODUCTION

Comme pour le premier livre de la collection « Voyages poétiques », ce recueil est présenté sur un format identique avec des cartes et des photos illustrant chaque texte, photos prises par Sylvie ou glanées sur « la toile » avec l'autorisation de leurs auteurs.

Pour les noms particuliers ou les mots peu courants (marqués par un *), vous pourrez retrouver leur définition dans un glossaire alphabétique en fin de volume. Cela vous évitera des allers-retours gênants vers un dictionnaire.

CARTE DU VOYAGE

Les fleurs de San Remo

San Remo embrasse la Méditerranée.
Ses deux caps, vert et noir s'arrondissent
comme des bras maternels et protecteurs.

©Frederick Highland

Dans son ventre coloré,
dorment les villas somptueuses
et les palais d'antan.

Ils habillent la dame
de ses plus beaux atours,
bijoux d'architecture
de la Belle époque.

En arrière, ses longs cheveux boisés,
forêt de pins et châtaigniers,
s'éclaboussent de fleurs en panache,
qui paradent sous les serres diaphanes*,
irisées de lumière.

Dans les jardins botaniques,
à travers les plantes exotiques,
surgit le visage nippon d'Atami[1],
petite sœur de la cité italienne,
jumelle aux parfums d'Orient !

Sur les pavés des ruelles de la vieille ville,
le son des sabots cavaliers,

---
[1] - *Atami : ville de la préfecture de Shizuoka, au Japon. Son nom signifie ''mer chaude'', en référence à ses nombreuses sources chaudes. Elle a signé un jumelage avec San Remo en 1976.*

fantômes des siècles passés,
fait naître sous nos yeux
l'ombre soyeuse et vaporeuse
de l'impératrice d'Autriche².

Sur l'asphalte des routes en lacet,
le ronflement des bolides,
machines de notre temps,
silhouettes de métal en puissance,
attire les Ligures* dans l'essieu du Rallye*.

Entre la douceur d'un passé
et l'énergie d'un aujourd'hui
San Remo reste éveillée,
captivée par le refrain des vagues.

Elle parfume la Riviera d'essences florales,
hantée à jamais par les fragrances*
des agrumes antiques³.

* * *

---

[2] - *L'impératrice d'Autriche, Élisabeth de Wittelsbach (Sissi), lors de ses multiples voyages à travers l'Europe (1870-1890) s'arrête plusieurs fois à San Remo.*
[3] - *A la fin du XIXème siècle, les agrumes de San Remo et sa région étaient connus et exportés dans toute l'Europe, Russie comprise.*

Les Verbano

Les « verbano »[4] du lac majeur
s'en sont allées embaumer
d'autres contrées méditerranéennes.

Le lac, dans son écrin de verdure
arrête le temps, impassible et serein.
Il offre son visage-miroir à l'horizon latin.

---

[4] - Le *lac majeur* est aussi nommé le Verbano, à cause de la *verveine* qui poussait aux abords du lac.

Au loin, tel un mirage,
les îles Boromées ont jeté l'ancre
dans les flots turquins et cristallins.

Ces "trois sœurs"
racontent les légendes du Piémont,
elles chantent la ballade
de la douce lombarde
et chuchotent joliment
les secrets du Tessin.

Isola Madre se drape
de plantes exotiques.
Sur sa cape végétale
fleurissent les azalées cinabre*,
aux côtés de frêles camélias
et de magnolias satinés.

Les perroquets diaprés* babillent*
avec le paon si blanc
dans cette atmosphère des tropiques.

Comme le digne gardien
des coulisses de l'île
le cyprès cachemire protège le palais.

Isola Bella , petite île caillouteuse
berce en son sein un monstre baroque.
Le sérail* dépose ses salles de bal
sur de singulières grottes.
Les mosaïques, œuvre de l'homme,
se glissent entre les stalactites
pour les recouvrir
d'une enveloppe marine.

Isola Pescatori, tresse sa crinière de tuiles
rousses au-dessus des fines traverses et des
échoppes homériques.

Entre les façades arc-en-ciel,
les pêcheurs tissent leur toile en filet.
Le touriste déambule
entre les barques alanguies*,
il est comme aspiré par le centre de l'île.

Du haut du clocher,
le regard de Saint Victor*
se pose, indulgent,
sur les félins insulaires
qui semblent avoir découvert le paradis.

Sire Majeur, Damoiselles Isola,
vos silhouettes divines
se sont glissées
entre les mots de Flaubert,
les lignes de Stendhal,
le creux d'un chapitre de Byron,
ou le sommet d'un récit d'Hemingway.

Pour les avoir tant inspirés
nous nous inclinons devant votre noblesse.

* * *

La Scala de Milan

Trois siècles épousent la Diva-Opéra.
Drapée de velours rouge,
arborant un diadème
de pierres étincelantes,
ses rondeurs féminines et gracieuses
se parent de loges d'or.

http://a34.idata.over-blog.com

Dans les bras généreux
de la "prima donna"[5]
se lovent les amoureux mélomanes,
les enflammés du belcanto*.

Sur son front ardent,
le premier balcon raconte les soies royales
qui se sont glissées, majestueuses
entre les arpèges et les vibratos.

Tout au creux de son ventre,
les enfants de Verdi
grandissent aux accords
du grand philharmonique.

Les papillons profanes et sacrés s'envolent,
emportant sur leurs ailes chatoyantes
des poudres de solfège.

Sur son auguste corsage lamé de bois,
adages* et entrechats*,

---

[5] - originellement utilisé dans les compagnies d'opéra, prima donna est un mot italien signifiant littéralement « première dame ». Ce terme est d'abord utilisé pour désigner la chanteuse principale dans une compagnie d'opéra, c'est-à-dire la personne à laquelle le rôle principal est attribué. La prima donna était généralement une soprano.

de leurs pointes satin,
rythment le battement de son cœur opéra.

Spectateurs, éveillés par les sens,
amarrez votre souffle lyrique !
Laissez venir les perles de l'émoi !
Accueillez la tempête des sons !

Et tel Ulysse sur les flots homériques,
voguez vers les chants envoûtants
de la Scala de Milan !

* * *

Le pouvoir de la nature

Nature irréelle ou réalité "innaturelle" ?
Portrait monstrueux de poésie,
ou masques bachiques* fruités et fleuris ?

©*Vertumne (Portrait de Rudolf II), 1590*

Le peintre nous étouffe de couleurs,
il nous étourdit de légumes et de fleurs
savamment bouleversés,
follement ordonnés.

Vertumne[6], dieu des jardins
et récoltes de l'automne,
souverain des saisons,
confère ainsi son savoir
au digne Rodolphe II.

Coulera alors dans ses veines royales
l'éternelle domination
de la lignée des Habsbourg.

Les raisins flavescents* de la couronne
irisent sans pareil les pétales de soie.

Le cordon impérial
en floraison vernale*
se drape sur la majestueuse
épaule germanique.

---

[6] - Vertumne, dont le nom signifie tourner, changer, était sans doute un roi d'Étrurie qui, à cause du soin qu'il avait pris des fruits et de la culture des jardins, obtint, après sa mort, les honneurs de la divinité.

Tout proche de la toile ensorcelante,
le spectateur médusé s'englue peu à peu
dans les chairs suaves et parfumées.
Les cerises repulpent
les lèvres régaliennes*,
la poire embaume le nez busqué,
les joues rouges « pommées » rebondissent.

Éloignement, et la magie opère :
allégorie de l'illusion.
Le monarque prend la pose :
effigie où s'affirme une peau rosée,
des muscles longilignes,
un regard noir, une chevelure dorée.

La puissance de la nature a fructifié
les huiles bigarrées* d'Arcimboldo[7]
pour nous conter l'histoire d'un Rodolphe
en Vertumne d'un empire en déité.

* * *

---
[7] - Giuseppe Arcimboldo, Arcimboldi ou Arcimboldus (1527 à Milan, Italie - 1593 à Milan) est un peintre maniériste, célèbre comme auteur de nombreux portraits suggérés par des végétaux, des animaux ou des objets astucieusement disposés.

Les violons de Saint-Marc

La lagune fait courir ses doigts effilés
entre les murs ridés de la belle dame.
Venise de ses longs cheveux lacustres
murmure son histoire
sous les violons de St Marc.

Canaletto – La place St Marc

Les ponts par centaines drapent de leurs
arceaux les gondoles noircies
qui glissent en chantant.
Les palais mouillent le bas de leur robe
dans le grand canal
qui s'embarque vers la mer.

Dans les rues étroites et humides
les chats ronronnent et s'endorment
bercés par le doux clapot des vaguelettes.
Derrière les fenêtres byzantines
les vénitiens couvent
les trésors du Tintoret[8]
et l'on entend délicatement grelotter
le verre soufflé des pampilles* de Murano.

Émergent alors de la brume hivernale
les silhouettes mythiques du carnaval.
Les étoffes irisées et scintillantes
effleurent les perles et les plumes.

---

[8] - Jacopo Robusti, dit Tintoretto, en français Le Tintoret, (né le 29 septembre 1518 à Venise, alors capitale de la République de Venise, où il est mort le 31 mai 1594) est un peintre italien de la Renaissance, que l'on associe au courant maniériste de l'école vénitienne.

Sous les masques immaculés
les regards se croisent en secret.
Venise exhale son histoire
à travers les pores de ses pavés.

Elle soupire sous ses ponts,
valse dans les salles du Danieli[9].
On entend son rire cristallin
résonner au fond des mille puits.
Elle s'enfonce lentement
dans les eaux vertes et profondes.
Le temps n'aura pas raison d'elle ;
elle le défie depuis des siècles,
élégante, digne et majestueuse.

La cité des Doges
offre aux hommes un rêve :
l'aventure merveilleuse[10]
de l'intrépide Marco Polo.

* * *

---

[9] - *Hôtel renommé à 5 étoiles Luxe, à quelques pas de Saint Marc. Il offre la splendeur et l'élégance d'un palais du XIV siècle.*
[10] - *allusion au ''livre des merveilles'' de Marco Polo (Paru en 1298, le livre qui a rendu ce vénitien célèbre est l'un des premiers ouvrages importants en langue vulgaire)*

Les lucarnes de Venise

Le lagon a pris sa teinte vert de gris.
Les gondoles frileuses
se couvrent de visages immaculés.

Ils sont sans âge
les masqués de Venise.
Leur peau de papier mâché
sculpte un sourire statufié.
Les mains gantées miment
des caresses en secret,
mystères de ponts soupirants
derrière les brumes opaques.

L'angle de la ruelle étranglée
entend un froissement d'étoffe.
L'ombre des arcades
envole un jupon arc-en-ciel.

Signes de tête entendus,
courbettes audacieuses,
les costumes se croisent, se décroisent,
se confessent en silence.

Regard intime et obscur,
prunelles taquines,
pupilles graves ou aigües,
lucarnes de l'esprit de Venise.

Le carnaval a embrassé ses masques.
Il a bercé de tulles vaporeux
l'imagination des Hommes.

Il a arrêté le temps des canaux langoureux
et danse le ballet poétique
de la ville sur l'eau.

* * *

Les gourmandises de Burano

Des langues d'eaux lagunaires
viennent rafraichir
les façades acidulées de Burano.

©2007 *martino.pizzol / Flickr*

En farandole de friandises,
les murs insulaires s'amusent du regard
gourmand du visiteur.

Lui, qui dans les brumes hivernales,
entend les petites maisons
crier de leurs vives couleurs
le nom du marin qui les habitent.

Ce bracelet de pierres bariolées
entourent les fins poignets aqueux
de la belle demoiselle.

Autour du cou gracile de Burano
s'arrondit une collerette de fine dentelle.

Les vieilles femmes des pêcheurs
l'ont tissée de leurs doigts
habiles et précieux.

Éclairées par le feu de l'âtre
aux premiers frimas,
elles ont croisé avec constance
les fils immaculés.

Les barques élancées attendent
l'heure de la promenade
où elles quitteront leurs quais sucrés
pour écoper les baisers mouillés
de la grande bleue.

*　*　*

Escale à Portofino

Les maisons se parent
de leur robe chatoyante.
Elles descendent sur le port
et s'allongent côte à côte au soleil.

Elles ont dessiné sur leur front
des fresques d'illusion
à la manière d'un maquillage d'apparat.

Leur chevelure sylvestre
s'agite au vent marin.
Leurs paupières lourdes
se ferment derrière les vertes persiennes
pour une sieste fraîche et langoureuse.

Prés d'elles, se pressent les badauds.
Ils pavanent toute voile dehors
et se déhanchent dans le port
au rythme de la mélodie de l'eau.

Au loin, les dauphins d'antan
se délectent du spectacle balnéaire.
Dans leurs yeux se mire le bleu du ciel
enlacé dans les bras émeraude
de la Méditerranée.

Les ruelles étroites
tendent leurs doigts graciles
vers le clocher de San Giorgio.

Ce preux chevalier
vainqueur du dragon menaçant,
veille ainsi sur sa promise :
la noble crique de Portofino.

* * *

Patchwork en Toscane

Je t'ai regardée dans ta robe amande et
dorée, Toscane de lumière,
trésor de l'artiste inspiré.

Le peintre te maquille
de ses doux pinceaux soyeux
et de ses pigments huileux.

©2007 - Martino.Pizzol

Le poète te chuchote
dans ses proses incandescentes,
dans ses rimes étincelantes.

Le photographe te capture
dans ses filets d'images
pour t'épingler au mur,
papillon trop sage.

Moi, je t'imagine en fragment d'étoffes.

J'irai chasser pour toi dans la forêt textile
le doux velours vert des prairies,
le puissant brocard mordoré
des plaines endormies,
la dentelle rosée des bosquets givrés.

Je taillerai finement
le précieux batiste* de l'aurore bleutée.
Je couvrirai de flanelle
les contours des nuages.

J'allumerai un soleil de mousseline orangée
au-dessus de ton menu village.

De mon aiguille subtile,
J'assemblerai des esquilles* de tissus
en un patchwork ancestral
qui racontera un mariage en taffetas
entre une Toscane magique
et un fil de soie.

* * *

Pise la curieuse

La tour étire son cou gracile
vers les nuages duveteux parsemés
dans le bleu du ciel transalpin.
Son air penché adoucit son regard
appuyé sur les promeneurs médusés.

Toute la ville se tient en équilibre
aux pieds verdoyants du monument.

Prés d'elle, calme et serein,
le baptistère* oppose
la rondeur de son dôme
à la rigidité de la colonne de marbre blanc.

Au sommet, le spectre de Galilée,
perpétue son expérience
sur la gravitation[11].

Tout en bas,
les petites échoppes de bibelots
se serrent les unes contre les autres
en entonnant la sérénade
aux touristes étourdis d'exotisme.

Le cœur de la cité historique bat
au rythme des pas des promeneurs
qui se bousculent
aux six portes ancestrales.

---

[11] - Galilée a démontré plusieurs théorèmes sur le centre de gravité de certains solides dans son *Theoremata circa centrum gravitatis solidum*.

Au loin, les bâtisses jaunes et ocre
ouvrent leurs fenêtres de dentelle
sur les eaux calmes de l'Arno[12].

Il glisse vers la douce campagne Toscane
et se gonfle sous la brise légère
qui cajole les feuilles argentées
des oliviers séculaires.

* * *

---

[12] - fleuve d'Italie qui traverse Florence, Empoli et Pise, en Toscane,

Le cœur de Florence

Ton visage de pierres jaunies fixe sans
ciller le miroir plombé au teint noirci.
Le reflet roux cuivré
de tes cheveux de tuiles d'argile,
se laque dans les eaux immobiles,
en diadème sophistiqué.

Avant d'entrer en scène,
le regard profond et figé,
face à ton image sereine,
tu te fardes en soleil poudré.

Un voile d'azur coiffe ton front.
Il s'enduit d'une blanche lueur
et t'éclaire de puissants rayons
qui réchauffent les battements de ton cœur.

Le spectacle t'attend là-bas.
Tu suivras le pont,
coulisse d'une prima donna,
décor de théâtre bouffon.

De l'autre côté de la psyché[13],
les demeures toscanes entonnent un opéra
devant les visiteurs enchantés.
Ils attendent , Florence, la Diva.

* * *

---

[13] - grand miroir inclinable, pivotant sur un châssis reposant sur le sol.

Elbe aérienne

La souche insulaire s'échappe
d'une lueur éméraldine*.
Ce radeau immobile ,
alliance de pierres, bois et feuillages,
habité en son temps par un homme en
exil[14], écrase les fonds marins
de sa toute puissance.

http://villa-lafonte.com/

---
[14] - L'île d'Elbe, plus grande île de l'archipel de Toscane, dans la mer Méditerranée, fut le lieu d'exil de Napoléon Ier en 1814-1815.

La voûte céleste veloutée,
habille d'une étoffe saphir
les contours dentelés de l'île.
Entre ciel et eau, Elbe vogue, aérienne,
tel un mirage vaporeux.

Les filles de sable,
criques secrètes et virginales,
déposent leurs couronnes de hêtres
et de pins sur les falaises crayeuses.
Elles maquillent en vert empire
leur teint opalin*.

La violette et le bleuet concertent en duo
sur la scène où l'artiste charmé
déclamera sa palette créative
de rimes enluminées et picturales.

Au creux des ondes méditerranéennes,
les flottes animalières
font une ronde marine.
La baleine arbore ses rondeurs
pour faire sourire les dauphins.
Les tortues ondulent leur bouclier
tout prés de l'hippocampe, frêle destrier.

Jacques[15] a sondé
les profondeurs mystérieuses ;
il a écouté le récital silencieux des abysses.
Son sang d'homme
s'est gonflé d'iode bleutée.
Ainsi paré, il a rendu
sa vie à la terre îlienne*
pour pactiser avec les secrets des sirènes
et les divinités pélagiques*.

* * *

---

[15]- *l'apnéiste Jacques Mayol se donna la mort en décembre 2001 sur l'île d'Elbe, après avoir été le premier plongeur au monde à descendre à une profondeur de 100 mètres en apnée, en novembre 1976.*

Les notes antiques
(Rome)

La main de l'Homme
caresse les douces pierres de Rome.
Sous ses doigts mystiques
vibrent les notes antiques.

Les cris de l'histoire résonnent
au creux du ventre de la Cité
et l'Italie frissonne
dans ses bras ruinés.

Les eaux de la fontaine inonde
les plus profonds désirs du Monde.
A chaque pièce lancée
s'endort un vœu inavoué.

Plus loin, dans le cirque aujourd'hui désert,
les fantômes des chars
rugissent de poussière
et les couronnes de laurier
effeuillent leurs batailles oubliées.

La lumière réchauffe les douleurs
de la vieille ville fatiguée.
Mais elle rajeunit
le cœur d'une Rome fidèle
à la grandeur de son passé.

* * *

**Sardaigne,
si tu m'étais dessiné.**

L'enfant de l'Univers
s'est muni de grands ciseaux d'acier.
Son poignet s'est plié, recourbé, arrondi,
pour découper dans un papier crayeux,
un morceau de la Terre.

© Antonio Attini / Archivio White Star

C'est une toute petite perle de nature
délicatement posée sur un miroir bleuté,
chatouillée par l'écume blanche
d'un ressac* infatigable.
C'est un tout petit fragment de planète
bordé d'une enluminure arborescente
dont le vert diapré* n'a de pareil
que la colère des dieux.
C'est le crayon blanc de l'enfant
qui trace des lignes courbes
sur la peau tachetée de l'île.
C'est le pinceau grisé d'un ange
qui a salé les marées métalliques,
labyrinthe onduleux d'un créateur céleste.

L'artiste innocent a déposé sur son œuvre
un voile de lumière et de chaleur.
Il éclaire le visage de la Sardaigne,
pour enfanter dans la couleur,
un éden fait pour des Hommes
solides, indépendants et conquérants.

* * *

Le colosse de Trapani
(Sicile)

Le géant de pierre se prélasse,
assoupi sur la frange des flots,
sa coiffe nuageuse le protégeant
du soleil fougueux de la Sicile.

Sa peau rosée s'est parée
des rides du temps.
Ses joues calcaires se sont creusées
sous les assauts des vents.

Sa longue chevelure verdoyante
s'étale sur la plage
comme pour se rafraîchir
dans les eaux maritimes.

La Méditerranéenne
déploie sa robe turquoise.
Un ruban de soie noire
entoure le voile émeraude
brodé par l'ombre magistrale
d'un cumulus taquin.

Les sirènes ont orné
d'une guipure* blanche,
frissonnante et vaporeuse,
la tunique marine.
Les longs doigts de sable
se tendent finement vers l'étoffe veloutée,
froissant la dentelle,
plissant les vagues satinées.

Un léger tulle de coton bleuté
enveloppe ce moment de douce complicité
entre une grande dame tyrrhénienne*
et le colosse d'une terre insulaire.

* * *

Le serpent de Capri

Le soleil brûlant de l'été
vient réveiller les terres rocailleuses.
Du haut des falaises crayeuses,
les cigales frottent leurs ailes voilées.

Les pins savamment aiguillés montrent le
chemin tortueux aux promeneurs,
les yeux plissés de parfums iodés.

Puis, brusquement la route s'efface
dans l'esprit du poète amusé.
A l'animal, elle fait place ;
le serpent entre les roches, s'est lové.

Il a déployé son corps souple et froid
aux pieds des troncs de bois.
Il réchauffe ses écailles reptiliennes
au creux des terres italiennes.

Les eaux bleues de Capri,
en petites vagues effrontées,
tentent de chatouiller
le géant endormi.

Alors, la bête imaginaire
captivera son visiteur marin.
Mais la poésie dans ses eaux claires
a noyé le venin assassin.

Ainsi, le pinceau magique
du poète attendri
colore de ses rimes aquatiques
les roches de Capri.

*　*　*

Les temples de Paestum

Le ciel caresse de son duvet cotonneux
les pierres antiques et parcheminées.
Il éclabousse de son azur radieux
les magistrales colonnes hiératiques*.

Gigabte, *les temples de Paestum* (1854)

Entre les feuilles argentées des oliviers
se mêle le souffle iodé de Poseidonia[16].
Elle vient nous conter le mythe sacré
des trois temples doriques
de Paestum devenue la romaine.

Les divinités grecques
viennent errer en Campanie.
Les monstres de pierres se redressent
en écoutant les chants helléniques*.

Sélé*, de ses eaux fluviales et alanguies
est venu purifier le sanctuaire
d'Era Argiva, la douce
et sensuelle épouse de Zeus.

La célèbre basilique se rafraîchit alors
en déposant sur son front
des rosettes et des fleurs de lotus.
Elle se coiffe de crinières fauves.

---

[16] - *Cité grecque de la Grande-Grèce, devenue lucanienne sous le nom usuel de Paestum, située en Italie du Sud, sur la commune de Capaccio-Paestum, en Campanie. C'est aujourd'hui un important centre archéologique, comptant trois temples grecs doriques et un musée.*

A ses côtés, le temple de Zeus
appelle la Grande Grèce
dans ses pilastres* olympiens
et prend la pose du grand Parthénon.

Puis, le troisième apparaît
en robe blanche et froissée.
Le spectre d'Athéna,
force de guerre et de sagesse
contemple notre terre blessée
par les griffures humaines.

L'Homme avance entre les géants divins
qui s'étirent vers les cieux italiens.
Il effleure les blocs vénérables,
écoute leurs hymnes homériques.

De Paestum ou Poseidonia,
de Zeus, Era ou Athéna
entendons la mélodie de la paix.

* * *

L'arbre du dernier jour
(Pompéi)

Le volcan vient d'avorter
d'un funèbre pin parasol,
arbre du dernier jour.
Il étale macabrement son ombre d'acier
sur les plaines vivaces.

©prg-colmar.over-blog.com

Il répand son pollen de cendres brûlantes
sur les villes enjouées,
badigeonne d'un rouge bouillonnant
les doux flancs
de la montagne en colère.

Pompéi entend le géant qui gronde.
Tous ses membres grésillent, s'ébranlent,
et la fièvre s'empare
de son corps innocent.
Elle suffoque, elle rugit d'épouvante,
elle cavale vers la lumière.

L'Homme coule dans les artères de la cité
tel le sang brûlant
dévalant dans ses veines.

Il hurle sa géhenne*
et la mort déracine l'arbre de vie,
saisissante et traître.
Elle fane le soleil,
elle pétrifie la chair ignescente*.

Elle érige des statues de lave,
témoins antiques de la bête noire.

Les enfants d'aujourd'hui
abreuvent les rues de Pompéi
et étouffent sous leurs pas légers
les cris de leurs ancêtres.

Leurs yeux candides se souviendront
de ce courroux tapi
au fond du ventre de la Terre
qui a jailli cruellement
pour éteindre les Hommes.

* * *

Les rides de Napoli

Les rides profondes
de la vieille mamma italienne
sillonnent son visage pour nous raconter
l'histoire des rues de Naples.

Silence, on tourne !

Napoli, nous fait son cinéma.
Elle brille sous les projecteurs ;
elle rit à gorge déployée.

La scène bourdonne de cris de bambini.
Elle pétarade
entre les mécaniques à deux roues.

En arrière plan, une brise ardente
emporte dans ses flots alizéens*
les senteurs épicées des tables
méridionales.

Les tissus fleuris
habillent les bâtisses aux yeux alourdis
par la torpeur estivale.
Le soleil vient alors caresser les couleurs de
l'Italie dans ces rues fripées.

Les façades défraichies
tissent de leurs doigts noueux
des cordes de linges, recouvrant la ville
d'une coiffe arachnéenne*.

La vieille dame se retourne vers la caméra,
elle a dans son regard
toute la jeunesse de son âme ;
elle a cette allure fière,
grandiose et populaire
d'une Naples vivante et frémissante.

Dernier plan : une femme s'éloigne
emportant dans ses pas
la frénésie d'une méditerranée scintillante.

* * *

Un petit coin de terre

De là-haut,
l'astre solaire éclabousse
un petit coin de terre.
Tel une mamma sur son bambino,
il veille au firmament ;
il couve de son regard doré
les côtes aux détours arrogants.

De là-haut,
on peut l'imaginer,
cette belle méditerranéenne
qui a glissé son pied léger
dans la botte italienne.

Dans sa robe en ciel de nuit,
aux vifs reflets turquins
ourlée de dentelles lactées,
elle dresse fièrement
son profil aquilin.

Elle cajole dans les plis soyeux
de sa toilette bleue
ses îles aux parfums sucrés
et aux couleurs acidulées.

Lascive, elle s'abandonne
aux caprices des cieux.
Impulsive, elle éruptionne ses maux
en un volcan furieux.

* * *

Glossaire

adages ....
    en danse classique, suites de mouvements amples exécutés sur un tempo lent. 23
alizéens ....
    relatifs aux alizés..68
arachnéenne ....
    qui est semblable à la toile d'araignée, qui en a la légèreté...68
bachiques ....
    relatif à Bacchus, à son culte. LITT. Qui évoque une bacchanale; qui célèbre le vin, l'ivresse.....25
baptistère ....
    Bâtiment annexe à une cathédrale ou chapelle d'une église destinés à l'administration du baptême..44
batiste ....
    toile de lin très fine et très serrée utilisée en lingerie..41
bel-canto ....
    dans la musique classique, le bel canto ou belcanto — en italien, le « beau chant » — désigne un style de chant fondé sur la beauté du timbre et la recherche d'une certaine virtuosité vocale — vocalises, ornements, extension de la tessiture, etc 23
bigarées ....

qui ont des couleurs et des motifs variés..........27
diaphanes ....
    qui laissent passer la lumière sans être
    transparents...16
diapré ....
    de couleurs vives et variées................................54
éméraldine ....
    bleue...48
entrechats ....
    sauts pendant lequel le danseur croise ou
    entrechoque une ou deux fois les pieds avant de
    revenir au sol. 23
esquilles ....
    Petits fragments acérés de bois, de pierre, etc.
    Ici, morceaux de tissus...42
flavescents ....
    Jaunes dorés..26
géhenne ....
    souffrance intolérable; supplice.........................65
guipure ....
    étoffe imitant la dentelle, en fil ou en soie, qui
    sert à la confection de rideaux et de stores
    d'ameublement..56
helléniques ....
    relatifs à la Grèce..62
hiératiques ....
    qui sont d'une majesté, d'une raideur
    solennelle..61
ignescente ....
    en feu, incandescente..65
îlienne ....

qui habite une île..50
Ligures ....
   habitants de la région de Ligurie située dans le nord-ouest de la péninsule italienne. Son nom vient du peuple antique des Ligures, même si ceux-ci occupaient un territoire beaucoup plus étendu que celui de la Ligurie actuelle. 17
opalin ....
   qui a l'aspect laiteux et bleuâtre de l'opale, ses reflets irisés; opalescent......................................49
   qui a l'aspect, la couleur laiteuse et les reflets irisés de l'opale..49
pampilles ....
   petites pendeloques (bijoux suspendus à une boucle d'oreille ou encore, ornement de verre ou de cristal suspendu à un lustre) qui, avec d'autres, forment une frange. 29
pélagiques ....
   Relatifs à la haute mer ou aux fonds marins...50
pilastres ....
   piliers rectangulaires engagés dans un mur.. .63
Rallye ....
   Le Rallye de San Remo est une course automobile qui se tient autour de la ville de San Remo. Les deux premières courses, en 1928 et 1929, s'appelèrent le « rallye des fleurs », puis le rallye ne fut plus couru jusqu'en 1961, date à partir de laquelle il fut organisé chaque année. Ce rallye est crédité comme étant le premier à avoir proposé un tracé sur terre, les épreuves s'étant alors toujours courues sur route

asphaltée..17
régalienne ....
   se dit d'un droit qui est attaché au roi..............27
ressac ....
   retour violent des vagues sur elles-mêmes,
lorsqu'elles se brisent contre un obstacle..........54
Sélé ....
   le Sélé est un fleuve de de la région Campanie
en Italie. Il prend sa source au mont Paflagone,
à une altitude de 420 m, près de la comune de
Caposelle dans la province d'Avellino.............62
tyrrhénienne ....
   partie de la Méditerranée comprise entre
l'Italie, la Corse, la Sardaigne et la Sicile...........57
vernale ....
   qui se rapporte au printemps............................26

Table des matières

PREFACE..7
INTRODUCTION 11
CARTE DU VOYAGE...13
Les fleurs de San Remo...15
Les Verbano..18
La Scala de Milan...22
Le pouvoir de la nature..25
Les violons de Saint-Marc.....................................28
Les lucarnes de Venise..31
Les gourmandises de Burano 34
Escale à Portofino..37
Patchwork en Toscane..40
Pise la curieuse..43
Le cœur de Florence..46
Elbe aérienne...48
Les notes antiques...51
Sardaigne, ...53
si tu m'étais dessiné...53
Le colosse de Trapani..55
Le serpent de Capri..58
Les temples de Paestum.......................................61
L'arbre du dernier jour...64
Les rides de Napoli..67
Un petit coin de terre...70

Remerciements

Je remercie ma fille, Amélie Léotard, mes amis Françoise Mourrat et Serge Séquier pour leur concours dans la finalisation de ce recueil.

Une attention particulière pour Marc Lasserre, poète et artiste-peintre, qui a préfacé et mis en page cet ouvrage. Je lui suis très reconnaissante de m'avoir choisie pour écrire le deuxième tome de sa collection « Voyages poétiques ».

© 2011, Pellet

Éditeur : Books on Demand GmbH,
12/14 rond point des Champs Élysées,
75008 Paris, France
Impression : Books on Demand GmbH,
Norderstedt, Allemagne

ISBN : 978-2-8106-1397-7
Dépôt légal : juillet 2011